谨以此书

纪念敬爱的钱伟长校长逝世 10 周年

永远的校长

钱伟长1983—2010年画传

成旦红　刘昌胜　主编

上海大学出版社
·上海·

钱伟长（1913.10—2010.7）

本书编委会

主　　　任	成旦红　刘昌胜
常务副主任	段　勇
副　主　任	龚思怡　欧阳华　吴明红　聂　清
	汪小帆　苟燕楠　罗宏杰　忻　平
委　　　员	（按姓氏笔画为序）

王远弟　刘长林　刘绍学　许华虎
孙伟平　李　坚　李明斌　吴仲钢
何小青　沈　艺　张元隆　张文宏
张　洁　张勇安　陈志宏　竺　剑
金　波　胡大伟　胡申生　秦凯丰
徐有威　徐国明　陶飞亚　曹为民
曾文彪　褚贵忠　潘守永　戴骏豪

主　　　编　成旦红　刘昌胜

副 主 编　曾文彪

执 行 编 辑　陈　然　纪慧梅　谢　瑾

钱伟长校长倡导校训：自强不息；先天下之忧而忧，后天下之乐而乐。校风：求实创新

序

钱老是我国近代力学奠基人之一，著名的科学家、教育家，杰出的社会活动家，中国民主同盟的卓越领导人，中国共产党的亲密朋友，中国人民政治协商会议第六、第七、第八、第九届全国委员会副主席，中国民主同盟第五、第六、第七届中央委员会副主席和第七、第八、第九届名誉主席，中国科学院资深院士。

1982年，邓小平在中共中央组织部关于同意钱伟长担任上海工业大学校长的请示报告上批示：他的任命不受年龄限制。1983年元月，钱老在他70岁时来到上海工业大学。他期盼在这里实现自己振兴教育的理想和希望。从此，他就夜以继日地投入上海工业大学及后来的上海大学的建设之中，辛勤耕耘，乐在其中。

钱老生前有二三十个头衔，最在乎的就是这个校长头衔。2010年7月30日，钱老溘然长逝，他的儿子钱元凯在追思会上满怀深情地说："我父亲生前最在乎的就是这个校长。在他去世前的27年里，他把上海工业大学及上海大学的师生当作自己的亲人，当作自己的儿女，他的家就在上海大学。"钱老在上海大学27年里不拿学校工资、不要学校房子，与全体师生员工一起呕心沥血，从一所仅有三千名学生的市属工科大学开始，建成了一所拥有四万名学生的国内外知名的综合性大学。1999年11月3日，中共中央政治局常委、国务院副总理李岚清在教育部部长陈至立陪同下视察上海大学新校区。李岚清一进校区就连声赞叹"气势恢宏！"视察结束前，李岚清与学校的干部、教师代表合影，他朝着大家大声地说："我们要感谢钱校长为上大所做的贡献！"陈至立接着说："没有钱校长，就没有上大的今天！"

永 远 的 校 长
钱伟长 1983—2010 年画传

第十届全国政协副主席徐匡迪曾担任上海工业大学常务副校长，辅佐钱老，2010 年 9 月 7 日，他在《人民日报》上撰文缅怀钱老，文章中说，他"对钱老为推进学校跃升，审时度势、抓住机遇、顺势而上所起到的奠基性的、他人无法替代的作用是非常清楚的"。

钱老的一生，是爱国的一生、奋斗的一生、奉献的一生。他的爱国奉献、先忧后乐的人生境界已经成为上大学子引以为豪并永久瞻仰的丰碑，已经成为上海大学精神的象征。他的才华与智慧以及在实践中发展形成的钱伟长教育思想，不仅是上海大学的宝贵财富，也是上海乃至全国人民的财富。今天，我们深切缅怀敬爱的钱老，除了要向他表达崇敬之情以外，更重要的是要学习他热爱祖国、情系人民的崇高品德，学习他勤于钻研、勇于创新的科学精神，进一步实践和发展他的教育思想，激励和激发青年人以饱满的热情投身社会主义伟大事业，为实现国家的繁荣、社会的文明和谐、民族的伟大复兴而奋斗。

钱老这一生，在中国刻下了一个令国人难以忘却的历史影像，在上海大学更是留下了一段永恒的记忆。

钱伟长是上大人心目中永远的校长！

曾文彪
2020 年 7 月

机密　　　　沪委(82)发字第270号

中共上海市委员会（批复）

关于调钱伟长同志
任上海工业大学校长的批复

市委组织部：

沪委组82字第527号报告悉。

市委同意钱伟长同志调沪工作，任上海工业大学校长；免去杨慧洁同志上海工业大学校长的职务。

特此批复。

中共上海市委员会
一九八二年八月二十六日

中共中央组织部

(82)干任字711号

中共上海市委、教育部党组：

中央同意钱伟长同志任上海工业大学校长，免去杨慧洁同志兼任的上海工业大学校长职务。

抄：中央宣传部、中央统战部，北京、天津市委，劳动人事部党组

1982年9月15日，中共中央组织部同意钱伟长担任上海工业大学校长

永远的校长
钱伟长 1983—2010 年画传

1983 年 1 月 16 日，上海市副市长杨恺在上海工业大学欢迎钱伟长履任

1983 年 10 月，中共上海市教卫党委副书记胡绿漪在上海工业大学宣布学校党政领导班子成员（左起：校党委书记张华、胡绿漪、钱伟长）

1982年11月,在复旦大学会晤苏步青校长

1983年冬,在北京的一次会议上会晤复旦大学谈家桢教授

永远的校长
钱伟长 1983—2010 年画传

1983 年 1 月，在上海工业大学电机工程系检查实验室工作

1983 年 9 月，在上海工业大学教师大会上作关于办学方向的报告

1983 年 10 月，在上海工业大学（南大楼）校长办公室

1983年秋，由上海工业大学党委副书记王力平（左一）陪同，到机械工程系检查实验室工作

1983年秋，在上海工业大学机械工程系金切实验室

永远的校长
钱伟长 1983—2010 年画传

1984年1月,上海工业大学获批第一个博士学位授权点——固体力学专业,由钱伟长领衔;黄黔(左)于1985年获得该专业博士学位,是上海工业大学授予博士学位的第一人(照片摄于1993年)

1984年5月,在上海工业大学创办上海市应用数学和力学研究所并任所长

20世纪80年代,在上海市应用数学和力学研究所,与戴世强(左一)等交谈

20世纪80年代，在上海市应用数学和力学研究所Seminar上作报告

20世纪80年代，在上海工业大学为研究生授课

永远的校长
钱伟长 1983—2010 年画传

20 世纪 80 年代，与上海工业大学的学生们在一起

1984 年 8 月，在瑞典斯德哥尔摩皇宫前留影（左：叶开沅）

1984 年 10 月，访问美国加州大学萨克拉门托分校，与格尔士校长交谈

1984 年 10 月，在上海工业大学科技工作会议上讲话

1984年冬，在北京《简明不列颠百科全书》（国际中文版）常务编委审稿会上（左起：周有光、钱伟长、刘尊棋）

1985年1月，在香港中文大学崇基学院演讲后留影

1985年4月17日,在全国交叉科学讨论会上的"三钱"合影(右起:钱伟长、钱学森、钱三强)

1985年9月，聘请陈省身为上海工业大学名誉教授

1985年9月，陪同荷兰友人冯·康普教授访问江苏省沙洲县（今张家港市），参观当地的农贸市场

1985年9月，与加拿大拉耶逊学院签订两校合作协议书

永远的校长
钱伟长 1983—2010 年画传

1985 年 10 月，与参加上海工业大学建校 25 周年庆祝大会的中共上海市委副书记曾庆红（左二）合影

1985 年 10 月，在上海工业大学建校 25 周年庆祝大会上，与上海市副市长朱宗葆合影

1985年10月,与来上海工业大学指导艺术教育的张充仁(右一)、钱君匋(右二)、万籁鸣(右三)、贺绿汀(右六)及来校表演的演员合影

1985年10月,接受著名画家王个簃(右一)向上海工业大学赠画

1985年10月,与上海工业大学党委书记张华一起,会见到访的苏联科学院院士谢道夫

1985年10月,在上海主持国际非线性力学会议,会议期间与日本近藤一夫教授及夫人合影

1985年10月，在上海工业大学（南大楼）校长办公室

1985年10月，出席上海工业大学校友会成立大会

永远的校长
钱伟长 1983—2010 年画传

1983—1985 年，在上海工业大学南大楼办公；1986—2010 年，在乐乎楼（上海工业大学专家招待所，1985 年落成，1999 年扩建）二楼居住和办公

1985年秋,在上海市应用数学和力学研究所的工作会议上

1986年1月,聘请任之恭为上海工业大学名誉教授

1986年10月,主持上海工业大学"六五"国家重点科技攻关项目鉴定会

1986年10月,王宽诚教育基金会考选委员会第二次会议全体与会委员在上海工业大学合影(前排左起:钱临照、陈岱孙、汤佩松、王宽诚、陈省身、钱伟长、吴富恒;后排左起:黄贵康、费孝通、黄丽松、田长霖、张龙翔、薛寿生、王明道)

1986年10月,与德国鲁尔大学签订两校合作培养博士研究生协议书

1986年10月,在美国芝加哥访问《不列颠百科全书》出版公司

1986年,会见荷兰阿姆斯特丹大学德耶戈教授

1986年12月,在北京寓所,午夜时分仍在工作

1987年3月,出席在香港举行的《简明不列颠百科全书》首展仪式

永远的校长
钱伟长 1983—2010 年画传

1987 年 5 月，在上海市应用数学和力学研究所研究生的课题报告会上

1987 年 5 月，指导博士研究生周哲玮

1987年6月,与上海工业大学常务副校长徐匡迪(右)一起,出席"中国大学生上海桑塔纳篮球邀请赛开幕式"

永远的校长
钱伟长 1983—2010 年画传

1987 年 6 月，参加加拿大拉耶逊学院校庆并接受该校荣誉勋章

1987 年 7 月，访问波兰时向波兰烈士陵墓献花

1987 年 9 月，在澳门接受东亚大学名誉博士学位

1987 年 9 月，率团访问加拿大蒙特利尔大学工学院，签订两校交流与合作协议书

1987年9月,参加上海工业大学博士研究生论文答辩会

1987年夏,在乐乎楼与我国改革开放杰出贡献人物秦振华亲切交谈

1988年4月，在第七届全国政协代表大会主席台上，钱学森祝贺钱伟长当选第七届全国政协副主席

上海市研究生科技学术协会成立大会留影 一九八八年五月十二日

1988年5月，出席在上海工业大学举行的上海市研究生科技学术协会成立大会

1988年5月，与校党委书记郑令德（左二）、常务副校长徐匡迪（右一）一起，参加上海工业大学系主任沙龙

1988年5月，在上海工业大学体育教研组与体育教师座谈

1988年10月,与上海工业大学领导集体成员合影

1988年10月，在上海工业大学为学生签名留念

1988年秋，参加上海工业大学学生英语竞赛活动

永远的校长
钱伟长 1983—2010 年画传

1989 年 2 月，在香港大学讲学

1989 年 11 月，获中国科学院荣誉章

1989 年 4 月，主持上海工业大学科技工作座谈会（左起：徐匡迪、钱伟长、校学术委员会主任委员艾维超）

1989年12月20日，中共上海市委书记、市长朱镕基到上海工业大学乐乎楼亲切看望钱伟长

永远的校长
钱伟长 1983—2010 年画传

1990年4月，访问加拿大多伦多大学

1990年4月，访问加拿大蒙特利尔大学

1990年秋，为上海工业大学来华留学生颁发"好学生"证书

1990年10月，向到访的日本大阪大学校长熊谷信昭赠送《钱伟长科学论文选》

1990年10月，与美国罗切斯特理工学院院长签订两校合作协议书

永远的校长
钱伟长 1983—2010 年画传

1990年10月，授予香港浸会大学校长谢志伟（左二）、香港大学副校长张佑启（左三）为上海工业大学荣誉博士

1990年10月，授予美国罗切斯特大学校长罗斯为上海工业大学荣誉博士

1990年10月，与参加上海工业大学建校30周年校庆活动的上海市政府顾问汪道涵合影

1990年10月，在上海工业大学建校30周年校庆招待会上

永远的校长
钱伟长 1983—2010 年画传

1990 年 10 月，为上海工业大学行健楼结顶剪彩

1990 年 10 月，与钱三强在清华大学合影

1990年11月,会见白俄罗斯教育代表团并赠送《钱伟长科学论文选》

1990年11月,偕夫人孔祥瑛(后排右二)和钱穆夫人胡美琦(后排左一)访问母校——无锡市荡口镇中心小学

永远的校长
钱伟长 1983—2010 年画传

1991年1月，与上海工业大学校务指导委员会全体成员合影（前排左五：上海市副市长、上海工业大学校务指导委员会主任委员顾传训）

1991年4月，参加清华大学80周年校庆活动，与国务委员兼国家教委主任李铁映（左二）一起参观清华大学校史展

1991年4月,中共中央政治局常委、中纪委书记乔石在中国民主同盟成立50周年大会上与钱伟长亲切握手

1991年10月,与上海科学技术大学校长郭本瑜(前排左三)一起,参加中日合资上海凸版摩亚系统软件开发有限公司正式开业仪式

1991年11月,在乐乎楼会晤到访的上海市副市长、上海工业大学校务指导委员会主任委员顾传训

1991年，在北京寓所书房

1992年4月，访问日本期间，拜访日本友人、上海工业大学名誉教授近藤一夫

1992年5月，访问荷兰，会晤经济事务及行政官欧士腾

1992年5月，访问荷兰，与荷兰大学教授合影

1992年5月,在珠海市会晤中共上海市委书记吴邦国(左起:梁广大、钱伟长、孔祥瑛、吴邦国、胡立教)

永远的校长
钱伟长1983—2010年画传

1992年5月，与到访的中共上海市委副书记陈至立合影

1992年6月，在湘西

1992年7月，与夫人在香港中银大厦留影

1992年7月，访问香港，与香港科技大学校长吴家玮交谈

永远的校长
钱伟长 1983—2010 年画传

1992年10月9日，"钱伟长教授从事科研教育五十五周年庆祝会"合影（左二：徐匡迪，右一：谈家桢，右三：田长霖，右四：陈铁迪）

1992年10月9日，与夫人在"钱伟长教授从事科研教育五十五周年庆祝会"上

1992年10月9日，出席《钱伟长文选》首发式暨钱伟长科研教育思想研讨会

1992年夏,与上海工业大学校长办公室工作人员在乐乎楼前合影

1993年5月,出席《应用数学和力学》(英文版)在上海出刊一百期座谈会

1993年10月，聘请浙江大学校长路甬祥为上海工业大学顾问教授

1993年10月，与上海工业大学顾问教授、浙江大学校长路甬祥合影

1993年11月,聘请王力平为上海工业大学兼职教授

1993年11月,与上海工业大学兼职教授、中共上海市委副书记王力平合影

永远的校长
钱伟长 1983—2010 年画传

1994年2月，访问（原）上海大学法学院（右二：上海大学校长杨德广）

1994年4月，由上海工业大学党委书记吴程里（右二）陪同，访问（原）上海大学工学院

1994年5月27日，在新上海大学成立大会上，与上海市市长黄菊握手致意

1994年5月27日，与上海市市长黄菊一起，为新上海大学揭牌

1994年5月27日,在新上海大学成立大会会场贵宾室

1994年5月27日，在新上海大学成立大会上，与中共上海市委副书记陈至立亲切交谈

1994年5月27日，在新上海大学成立大会上，与上海市老领导夏征农合影

1994年5月27日，在新上海大学成立大会上，与上海市副市长谢丽娟合影

1994年5月,出席上海市非线性科学活动中心成立大会

1994年5月,与上海市副市长徐匡迪一起,为上海市非线性科学活动中心揭牌

永远的校长
钱伟长 1983—2010 年画传

1994 年 5 月，看望学生管乐团，祝贺演出成功

1994 年 5 月，聘请谢晋（右三）担任上海大学影视艺术技术学院院长

1994年6月,出席上海大学深化教学改革研讨会并讲话(前排左起:常务副校长杨德广、校长钱伟长、党委书记吴程里)

1994年12月,出席上海市应用数学和力学研究所成立10周年庆祝大会并讲话

永远的校长
钱伟长 1983—2010 年画传

1995年2月,出席上海大学与中科院生理所、细胞所、植生所组建上海大学生命科学学院合作协议书签字仪式

1995年2月,出席上海社会科学院与上海大学联合办学培养研究生协议书签字仪式

1995年,出席上海大学影视艺术技术学院、生命科学学院、外国语学院成立大会,向新任院长颁发聘书

1995年7月,与诺贝尔物理学奖获得者、上海大学名誉教授杨振宁合影

1995年7月,与到访的中共上海市委统战部部长王生洪合影

1995年11月，在乐乎楼会晤到访的全国人大常委会副委员长雷洁琼（右）、中共上海市委原副书记陈沂（中）

1996年2月,在乐乎楼会晤上海市市长徐匡迪、教委主任郑令德,商谈上海大学新校区选址方案

1996年12月,在上海大学"211工程"部门预审开幕式上讲话

1996年12月,与前来参加上海大学"211工程"部门预审开幕式的国家教委副主任韦钰在主席台上

1996年12月，与出席上海大学"211工程"部门预审开幕式的国家教委副主任韦钰（右）、中共上海市委副书记陈至立（左）愉快交谈

1996年12月，与出席上海大学"211工程"部门预审开幕式的上海市教委主任郑令德合影

1996年12月,会见"211工程"部门预审专家组副组长、北京工业大学校长左铁镛院士

1996年12月,与上海大学"211工程"部门预审专家组成员、上海交通大学党委书记王宗光(右)合影,上海大学党委副书记毛杏云(左)陪同

1996年12月，国家教委副主任韦钰、上海市领导、"211工程"部门预审专家组成员与上海大学校领导班子成员合影

永远的校长
钱伟长 1983—2010 年画传

1996 年 12 月，在上海市政府大楼，市长徐匡迪代表上海市政府欢迎上海大学"211 工程"部门预审专家组成员（左起：陈至立，徐匡迪，钱伟长，"211 工程"部门预审专家组组长、复旦大学校长杨福家院士）

1996 年 12 月，陪同国家教委副主任韦钰、上海大学"211 工程"部门预审专家组成员参观上海建设成果展览

1996年12月，陪同上海大学"211工程"部门预审专家组成员参观上海博物馆

1997年5月，出席同济大学建校90周年庆祝大会（左起：钱伟长、同济大学校长吴启迪、上海市政协主席陈铁迪）

1997年5月，欢迎世界著名社会活动家、日本创价学会会长池田大作（右）访问上海大学

1997年6月4日，中共中央政治局委员、上海市委书记黄菊和上海市委副书记陈至立到上海大学会晤钱伟长，明确表态：上海大学新校区工程"立项，启动"

1997年7月,会见到访的国家教委副主任韦钰

1997年9月,上海大学党委书记吴程里(右)、常务副校长方明伦(左)祝贺钱伟长校长荣获何梁何利基金"科学与技术成就奖"

1997年10月,在上海大学嘉定校区体育馆,听取在此举行的第八届全国运动会乒乓球赛事准备工作汇报

1997年10月,与上海大学理学院1997级基础强化班师生座谈

1997年11月，在上海大学会晤上海市市长徐匡迪

1997年11月，与上海市市长徐匡迪畅谈上海大学新校区愿景

永远的校长
钱伟长1983—2010年画传

1997年11月,在上海大学会晤中共上海市委副书记王力平

1997年11月,在上海大学会晤中共上海市委副书记龚学平

1997年11月，陪同上海市领导观看上海大学新校区建设规划沙盘

永远的校长
钱伟长 1983—2010 年画传

1997 年 12 月 26 日，在上海大学新校区工程奠基仪式上讲话

1997 年 12 月 26 日，为上海大学新校区工程奠基

1997年12月，在上海大学"211工程"建设项目可行性论证会上讲话

1998年3月，在北京寓所，与上海市市长徐匡迪合影

永远的校长
钱伟长 1983—2010 年画传

1998 年 3 月，在北京寓所，与教育部部长陈至立合影

1998 年 3 月，在北京寓所，与电影艺术家、上海大学影视艺术技术学院院长谢晋合影

1998年3月，在参加全国政协九届一次会议期间，与体育代表组代表合影

1998年4月，出席上海大学劳动模范联谊会成立会

1998年4月,受邀访问日本,会晤日本创价学会会长、上海大学名誉教授池田大作

1998年4月,在日本访问期间探望中国留学生

1998年4月,与上海大学副校长壮云乾合影

1998年4月,与上海大学顾问教授、香港瑞安集团董事长罗康瑞合影

永远的校长
钱伟长 1983—2010 年画传

1998 年 6 月，授予诺贝尔物理学奖获得者李政道为上海大学名誉教授

1998 年 6 月，与李政道一起，在上海市敬业中学为叶企孙铜像揭幕

1998 年 6 月，在上海市敬业中学观看叶企孙生平展览

1998年6月,出席中日广告教育交流项目协议签字仪式

1998年6月,在上海大学嘉定校区体育馆会见全国大学生第十三届"兴华杯"排球赛筹备人员

永远的校长
钱伟长 1983—2010 年画传

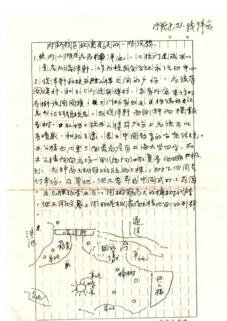

1998年8月21日，"对新校区环境建设的一些设想"手稿

1998年8月21日，"关于综合楼 E、F、G 的设计要求"手稿第 1—3 页

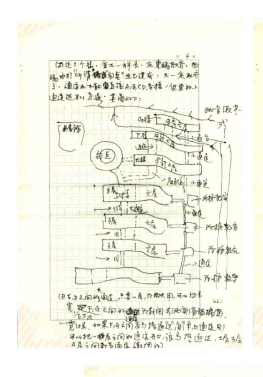
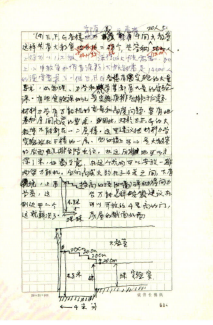

1998年8月21日，"关于综合楼E、F、G的设计要求"手稿第4—9页

1998年8月，担任在上海大学召开的第三届国际非线性力学会议主席

1998年8月，主持第三届国际非线性力学会议

1998年8月，上海市市长徐匡迪在市政府接见第三届国际非线性力学会议部分与会专家，与钱伟长合影

1998年8月，会见出席第三届国际非线性力学会议开幕式的上海市副市长周慕尧

永远的校长
钱伟长 1983—2010 年画传

1998 年 11 月，在上海大学新校区建设办公室观看校区建设平面图

1999 年 2 月 24 日，巡视上海大学新校区建设工地

1999年5月，向新聘任的上海大学文学院院长叶辛颁发聘书

1998年11月，向著名经济学家于光远颁发上海大学客座教授、名誉院长聘书

1999年10月，出席上海市应用数学和力学研究所成立15周年座谈会

1999年5月，与上海大学领导集体成员合影

1999年7月,出席上海城市规划展示馆多媒体陈列设备设计与制作项目签约仪式

1999年7月,出席在上海图书馆举行的、由上海大学与英国胡佛汉顿大学共同主办的英国设计展

1999年11月，与费孝通一起，会晤上海市领导（左起：孔祥瑛、钱伟长、费孝通、徐匡迪、黄跃金、殷一璀）

1999年11月,陪同中共中央政治局常委、国务院副总理李岚清视察上海大学新校区

1999年11月，中共中央政治局常委、国务院副总理李岚清视察上海大学新校区，与上海大学校领导、教师干部代表合影（前排左五：李岚清，左六：钱伟长，左七：陈至立）

2000年1月，出席上海大学巴士汽车学院揭牌仪式

2000年4月，会见澳大利亚高校代表团并接受澳大利亚拉筹伯大学校长迈克·奥斯本授予的该校荣誉博士学位证书

2000年5月，聘请顾毓琇教授为上海大学名誉教授（顾氏后人代为接受聘书）

永远的校长
钱伟长1983—2010年画传

2000年5月，在上海大学乐乎楼居室

2000年6月，与中共上海市委"三讲"巡视组组长刘克合影

2000年6月，出席上海大学科学研究与技术创新工作会议并讲话

2000年8月，视察上海大学科技园区

2000年10月,与国家计委国土开发与地区经济研究所所长杜平一起为双方合办的"区域经济研究中心"揭牌

2000年10月,出席上海大学与国家计委国土开发与地区经济研究所合办的"区域经济研究中心"揭牌仪式,聘请冯之浚为上海大学客座教授

2000年9月,出席上海大学蔡冠深奖学金颁奖仪式

2000年9月,会见到访的香港新华集团总裁蔡冠深

2000年11月,与香港新华集团总裁蔡冠深一起为上海大学美术学院蔡冠深国际远程艺术交流中心揭牌

永远的校长
钱伟长 1983—2010 年画传

2000 年 10 月，与获得第六届全国大学生运动会男子排球比赛冠军的上海大学男子排球队合影

2000 年 10 月，与上海大学党委副书记杨慧如（左）一起为获得第六届全国大学生运动会男子排球比赛冠军的上海大学男子排球队颁奖

2000年10月,上海大学副校长周哲玮祝贺钱伟长校长88华诞

2000年11月,出席上海大学梁洁华博士名誉教授授证仪式

2000年11月，出席上海大学图书馆新馆开馆典礼

2000年11月，与上海作家协会主席、上海大学文学院院长叶辛一起为上海大学图书馆"上海作家作品陈列与研究室"揭牌

2000年11月，出席上海大学美术学院新址落成典礼，与中共上海市委副书记龚学平合影

2000年11月，与中共上海市委副书记龚学平一起为新落成的上海大学美术学院种植纪念树木

2000年11月，欢迎全国高等学校后勤社会化改革工作会议参会领导和代表到上海大学参观，与教育部部长陈至立愉快交谈（左二：中共上海市委副书记龚学平，右一：上海市副市长周慕尧）

2000年11月，陪同全国政协副主席任建新参观上海大学图书馆

2000年11月,陪同全国政协副主席胡启立参观上海大学计算机工程与科学学院

2001年1月,出席上海大学博士生导师工作会议

永远的校长
钱伟长 1983—2010 年画传

2001 年 1 月，在上海大学美术学院听取学院领导的汇报

2001 年 5 月，与上海大学党委书记、常务副校长方明伦共商学校发展远景规划

2001年6月，在上海大学嘉定校区与毕业生合影

2001年8月，与上海大学党委副书记、副校长周鸿刚合影

永远的校长
钱伟长 1983—2010 年画传

2001 年 8 月，亲切看望正在军训的上海大学学生

2001 年 8 月，出席上海大学军训阅兵式暨总结表彰大会

2001年8月，巡视上海大学新校区建设工地

2001年9月，出席在上海大学举办的"中澳高等教育论坛"开幕式

2001年9月，与费孝通（上海大学上海社会发展研究中心主任）在上海大学社会学系

2001年10月8日，上海市政协主席王力平受全国政协办公厅和中共中央统战部委托并代表上海市政协和市委统战部祝贺钱伟长89华诞（左起：市政协副主席朱达人、钱伟长、王力平、中共上海市委统战部部长黄跃金）

2001年10月9日，上海大学庆贺钱伟长89华诞

2001年10月9日，89华诞留影

2001年10月9日,上海市政府办公厅副主任刘晓明到上海大学祝贺钱伟长89华诞

2001年10月9日,与上海大学党委副书记沈学超合影

2001年10月9日,与上海大学副校长曹家麟合影

2001年10月,出席光华奖学金颁奖大会(中:光华奖学金基金会总干事尹衍樑)

2001年10月,与华中科技大学原校长黄树槐一起为两校合作的快速制造工程中心成立揭牌

2001年11月,参观上海市第三届工业博览会上海大学展台

2001年11月，与上海大学青年骨干教师在一起

2001年11月，会见到访的台湾铭传大学校长李铨

2001年11月，聘请文怀沙教授担任上海大学文学院名誉院长

2001年12月，出席上海大学国际交流学院新年招待会

2001年12月,在上海大学新校区图书馆

2001年冬,与上海市应用数学和力学研究所的助手们合影(前排左起:叶开沅、钱伟长、潘立宙、戴世强,后排左起:郭兴明、刘宇陆、周哲玮、冯伟)

2001年，徐匡迪即将赴京履任前，到上海大学看望钱伟长，谈到建大礼堂的事
（左起：上海市计委主任姜斯宪、徐匡迪、钱伟长）

2002年1月,陪同香港浸会大学校长吴清辉(右二)观看上海大学新校区沙盘

2002年1月,聘任作家铁凝为上海大学客座教授

2002年3月,出席上海大学"211工程""九五"期间建设项目验收会开幕式

2002年3月,出席"211工程""九五"期间建设项目验收专家意见反馈会并讲话

永远的校长
钱伟长 1983—2010 年画传

2002年3月，会见上海大学"211工程""九五"期间建设项目验收专家组组长杨福家院士

2002年3月，会见上海大学"211工程""九五"期间建设项目验收专家组成员、暨南大学校长刘人怀院士

2002年3月，会见参加上海大学"211工程""九五"期间建设项目验收开幕式的上海市教委主任张伟江

2002年4月，与费孝通一起，出席在上海大学举办的"组织与体制：上海社区发展理论研讨会"

2002年4月，与费孝通合影

永远的校长
钱伟长 1983—2010 年画传

2002年5月，为其倡议举办的"钱伟长杯"上海高校大学生足球联赛起草的比赛章程手稿

2002年9月，出席"钱伟长杯"上海高校大学生足球联赛开幕式，与上海体育学院党委书记于信汇在主席台上愉快交谈

2002年12月，为"钱伟长杯"上海高校大学生足球联赛获奖球队颁奖

2002年5月，听取上海大学党委副书记成旦红关于学生工作的汇报

2002年8月，第四届国际非线性力学会议大会组委会在上海浦江游览船上举办钱伟长90华诞庆祝活动

2002年6月,出席上海大学毕业典礼并为上海市优秀毕业生颁发证书

2002年8月,在上海大学2002级新生开学典礼上讲话

2002年8月,出席"雷氏铁皮石斛杯"第三届亚排联东区排球锦标赛开幕式

2002年8月,接见参加"雷氏铁皮石斛杯"第三届亚排联东区排球锦标赛的上海大学男子排球队

2002年10月9日,中共中央政治局委员、上海市委书记黄菊受中共中央和江泽民、李瑞环、李岚清等领导的委托,到乐乎楼看望钱伟长,向他转达江泽民等同志的祝贺

永远的校长
钱伟长 1983—2010 年画传

2002年10月9日，与中共中央政治局委员、上海市委书记黄菊，中共中央统战部常务副部长刘延东，全国政协副秘书长孙怀山合影

2002年10月9日，在90华诞庆贺会上为来宾签名留念

2002年10月9日，中国工程院院长、党组书记徐匡迪祝贺钱伟长90华诞

2002年10月9日，上海市教委与上海大学共同举办钱伟长90华诞庆贺大会

2002年10月9日，徐匡迪和上海大学领导集体一起祝贺钱伟长90华诞

2002年，主持召开《应用数学和力学》编委会

2003年3月，与上海大学文学院历史系教授座谈

2003年3月，与上海大学文学院中文系教授座谈

永 远 的 校 长
钱伟长 1983—2010 年画传

2003年8月，在上海大学中层干部会议上对学校本科教学工作发表重要意见

2003年10月，出席上海大学教育部本科教学工作水平评估专家意见反馈会并讲话

2003年9月,与上海大学体育特长班学生合影

2003年9月,在上海大学体育馆会见国家女排前队员张蓉芳

永远的校长
钱伟长 1983—2010 年画传

2003 年，与到访的上海市副市长严隽琪合影

2003 年 11 月，与到访的教育部副部长章新胜合影

2004 年 1 月，中共上海市委副书记殷一璀、副市长严隽琪到上海大学给钱伟长拜年

2004年2月,接受《新民晚报》记者、国家女足队前队长、"世界足球小姐"孙雯采访

2004年2月,接受孙雯采访,神采飞扬地回忆起当年作为清华大学足球队运动员参加比赛时的情景

2004年5月,出席上海大学世博艺术与展示中心揭牌仪式

2004年5月，与上海大学领导集体成员合影

2004年8月,在上海大学体育场为第七届全国大学生运动会田径比赛获奖运动员颁奖

2004年10月,参加上海市应用数学和力学研究所成立20周年庆祝活动,见到老同事格外高兴

永远的校长
钱伟长 1983—2010 年画传

2004 年 10 月 9 日，上海市政协副主席宋仪侨受全国政协办公厅委托，代表全国政协、上海市政协及蒋以任主席到上海大学，祝贺钱伟长 92 华诞

2004 年 10 月 9 日，上海大学庆贺钱伟长校长 92 华诞

2004年12月,会见到访的上海大学艺术中心兼职教授、钢琴家刘诗昆

2004年12月,出席2004年度上海大学光华奖学金颁奖典礼

永远的校长
钱伟长 1983—2010 年画传

2004 年，出席在上海大学举办的中国循环经济发展论坛

2004 年，会见到访的北京大学教授杨芙清院士

2005年4月，在上海大学国际会议中心欢迎到访的法国总理让－皮埃尔·拉法兰（前排左七）

永远的校长
钱伟长 1983—2010 年画传

2005 年 5 月，全国政协副主席、中共中央统战部部长刘延东到上海大学亲切看望钱伟长

2005 年 6 月，与上海大学新任党委书记于信汇合影

2005年5月,上海大学党委副书记俞涛(左一)陪同钱伟长校长到学校艺术中心看望师生

2005年6月,到上海大学学生宿舍看望学生

永远的校长
钱伟长 1983—2010 年画传

2005 年 7 月，到上海大学成人教育学院视察

2005 年 7 月，到上海大学成人教育学院看望学生

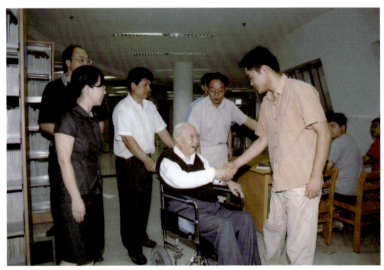

2005 年 7 月，到上海大学图书馆看望师生员工

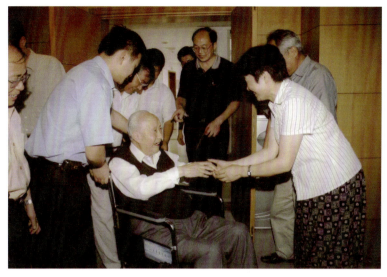

2005年7月,到上海大学行政办公楼看望机关干部

2005年8月,到上海大学新生报到现场看望学生

2005年8月,在上海大学研究生开学典礼上讲话。这是钱伟长校长最后一次出席学校的大会

永远的校长
钱伟长 1983—2010 年画传

2005 年 9 月 11 日，中共中央政治局常委、全国政协主席贾庆林到上海大学亲切看望钱伟长

2005年9月,上海市政协主席蒋以任(中)到上海大学看望钱伟长,向他转赠"中国人民抗日战争胜利60周年纪念章",代表全国政协办公厅和上海市政协向他赠送花篮

2005年9月,中共上海市科教党委书记李宣海(左)和市教育工会主席夏玲英到上海大学看望钱伟长

永 远 的 校 长
钱伟长 1983—2010 年画传

2005 年 9 月，会见到上海大学参观的台湾大学教授访问团

2005 年 9 月，聘任方明伦为上海大学终身教授

2005年9月，在上海大学校园里

2005年9月，在上海大学校园里与学生们合影和签名留念

2005年10月9日，江苏省政协主席许仲林专程到上海大学，祝贺钱伟长93华诞

2005年10月,主持上海大学校长办公会

2005年12月,参加上海市应用数学和力学研究所周文波(后排右二)博士论文答辩会。周文波是钱伟长在1990年招收的硕士研究生,入学前是一位仅有职工业余大学学历的工人

2006年1月,听取上海大学副校长叶志明关于教学工作的汇报

2006年4月,加拿大多伦多大学校监访问上海大学,向钱伟长颁发多伦多大学杰出校友奖

2007年4月，与上海大学领导集体成员合影

永远的校长
钱伟长 1983—2010 年画传

2007 年 5 月，最后一次回到母校——江苏省苏州一中

2007 年 5 月，最后一次回到母校——无锡市荡口镇中心小学

2007 年 5 月，最后一次回到故乡，和乡亲们在一起

2007年10月9日,钱伟长95华诞,全国政协副主席徐匡迪发来贺信,中共中央原政治局常委、国务院原副总理李岚清和中共上海市委书记习近平敬献花篮,上海市政协主席蒋以任(右)到上海大学祝贺

2007年10月,上海大学学生敬送十字绣"百寿图",祝贺钱伟长校长95华诞

永 远 的 校 长
钱伟长 1983—2010 年画传

2007 年 10 月，在上海大学乐乎楼居室，在清晨的阳光下摆棋谱

2007年11月,上海大学举行"伟长楼"命名与揭幕仪式。"伟长楼"由第十届全国政协副主席徐匡迪院士题写并揭幕

2008年8月,徐匡迪到乐乎楼看望钱伟长,钱伟长把聘任徐匡迪为上海大学终身教授的聘书亲手交给他

永远的校长
钱伟长 1983—2010 年画传

2008 年 9 月 12 日，全国人大常委会副委员长、民盟中央主席蒋树声，中共上海市委常委、统战部部长杨晓渡（站立者：中）到乐乎楼看望钱伟长

2009 年 10 月 9 日，上海大学党委书记于信汇、常务副校长周哲玮和上海瑞金医院的医护人员，庆贺钱伟长校长 97 华诞

2010年7月30日，上海大学师生在校园里祭奠钱伟长校长

2010年8月7日，中共中央政治局常委、全国政协主席贾庆林为钱伟长送别并慰问其亲属

2010年8月7日，中共中央政治局委员、上海市委书记俞正声为钱伟长送别并慰问其亲属

2010年8月7日，上海大学师生为钱伟长校长送别

2011年12月，在上海滨海古园内的钱伟长、孔祥瑛墓园

2011年12月，在上海滨海古园内的钱伟长陈列馆

永远的校长
钱伟长 1983—2010 年画传

2012 年 10 月，上海大学出版社为纪念钱伟长校长诞辰 100 周年出版的钱伟长文集

2018年10月9日，第十届全国政协副主席徐匡迪（右三）和上海大学党委书记、校长金东寒（右二）为钱伟长塑像揭幕，参加揭幕仪式的还有原校党委书记、常务副校长方明伦（右一），原校党委书记罗宏杰（左一），上海市静安区原政协主席刘晓明（左二）及钱伟长的孙女钱泽红（左三）

2019年5月27日，上海大学举行钱伟长纪念展开幕仪式，校党委副书记徐旭代表校党委致辞，开幕式由校党委副书记、纪委书记段勇主持。出席开幕式的领导和嘉宾有：上海市教委副主任倪闽景（左九），上海市文化和旅游局副局长、市文物局副局长褚晓波（左八），上海大学校友、美国艺术与科学院院士、旧金山亚洲艺术博物馆馆长许杰（左七），解放军海军某部副政委黄京兴大校（右五），校党委副书记、副校长龚思怡，副校长欧阳华，副校长聂清，总会计师苟燕楠以及原校党委书记、常务副校长方明伦

2019年9月20日，上海大学党委书记成旦红（左二）、校长刘昌胜（左三）率校领导班子成员参观钱伟长纪念展

永远的校长
钱伟长 1983—2010 年画传

(283279) 钱伟长星　　国际命名公报

2020 FEB. 5　　　　　　　　　　　　　　　　M.P.C. 121135

The MINOR PLANET CIRCULARS/MINOR PLANETS AND COMETS are published, on behalf of Division F of the International Astronomical Union, usually in batches on or near the date of each full moon, by:
Minor Planet Center, Smithsonian Astrophysical Observatory, Cambridge, MA 02138, U.S.A.
MPC@CFA.HARVARD.EDU (science) OBS@CFA.HARVARD.EDU (observations)
https://www.minorplanetcenter.net/iau/mpc.html　ISSN 0736-6884
© Copyright 2020 Minor Planet Center Prepared using the Tamkin Foundation Computer Network

NEW NAME OF MINOR PLANET

(283279) Qianweichang = 2011 HH$_{38}$

Discovered 2007 May 16 by the PMO NEO Survey Program at XuYi.

Qian Weichang (1912–2010), an academician of Chinese Academy of Sciences, was the founder of mechanics in China. He discovered the Qian Weichang equation and systematically developed the theory of large deflection of circular thin plates.

(283279) 钱伟长星

中国科学院紫金山天文台 2007 年 5 月 16 日发现于盱眙观测站。

此星为纪念钱伟长（1912—2010）而命名，钱伟长是中国科学院院士，中国力学奠基人。他创立了"钱伟长方程"，系统地发展了圆薄板大挠度理论。

贺　电

上海大学：

顷悉国际小行星中心不久前发布的国际新小行星命名公报中，中国科学院紫金山天文台 2007 年 5 月 16 日发现的、国际编号为 283279 号小行星，已于 2020 年 2 月 5 日荣获国际小行星命名委员会批准，正式命名为"钱伟长星"。

钱伟长院士是国际著名的力学和数学家，中国力学奠基人。开创了理论力学和非线性力学的研究方向，在板壳问题、广义变分原理等方面作出了突出贡献，他创立了"钱伟长方程"，系统地发展了圆薄板大挠度理论。1997 年荣获何梁何利"科学与技术"成就奖。为了纪念钱伟长院士在力学研究和教育领域所作出的杰出贡献，进一步彰显其科技成就，弘扬其奉献精神，2019 年 5 月何梁何利基金评选委员会向我台推荐命名"钱伟长星"。今天，"钱伟长星"的命名已荣获国际批准，体现了国际社会对钱伟长院士科技成就的褒扬，这不仅是钱伟长院士的光荣，也是上海大学及其全体师生们的光荣。在这里，我们谨向贵校表示最热烈的祝贺！

衷心祝愿（283279）钱伟长星永远闪耀在宇宙星空之中！

中国科学院紫金山天文台小行星命名委员会
南京紫金山天文台小行星基金会
2020 年 6 月 12 日

按照以往惯例，小行星命名荣获国际批准后，命名人所在单位都要举行一个命名仪式进行宣传报导，钱伟长星命名何时何地举行，请你们与何梁何利基金评选委员会商议。

2020 年 2 月 5 日，国际小行星委员会批准，国际编号 283279 号小行星命名为"钱伟长星"；2020 年 6 月 12 日，中国科学院紫金山天文台小行星命名委员会、南京紫金山天文台小行星基金会向上海大学发来贺电

附录一

钱伟长简历

1913年10月9日	生于江苏省无锡县鸿声乡七房桥。
1917—1926年	辗转于荡口镇南东岳庙小学、镇北司前弄小学、后宅镇泰伯乡第一小学、荡口镇中鸿模小学、无锡城郊荣巷公益学校学习。
1926—1927年	就读无锡学前街国学专修馆,师从国学大师唐文治。
1927—1928年	无锡县立初中学习。
1928—1931年	苏州中学高中学习。
1931—1935年	清华大学理学院物理系学习,获学士学位。
1935—1937年	清华大学研究院物理研究生,师从吴有训教授。
1937—1938年	天津私立耀华(中)学校担任物理教师。
1939—1940年	西南联合大学任教。
1940—1942年	加拿大多伦多大学应用数学系学习,师从辛祺(J. L. Synge)教授,先后获硕士学位、博士学位。
1942—1946年	美国加州理工学院喷射推进实验室任研究工程师,师从冯·卡门(Von. Karman)教授。
1946—1952年	清华大学教授,兼任北京大学、燕京大学教授。

永远的校长
钱伟长 1983—2010 年画传

1949—1952 年	清华大学校务委员会常委兼副教务长。
1951—1956 年	兼任中国科学院数学研究所力学研究室主任，参与北京大学创建我国第一个力学系。
1951—1958 年	中华全国民主青年联合会常委兼副秘书长，中华全国自然科学专门学会联合会常委兼组织部部长。
1952—1956 年	清华大学教务长，中国民主同盟中央常委。
1954 年	当选第一届全国人民代表大会代表。
1955 年	当选中国科学院学部委员，兼任中国科学院学术秘书。
1956 年	获中国科学院科学奖（自然科学部分）二等奖，当选波兰科学院院士；作为主要执笔者之一，参与制定我国《1956—1967 年科学技术发展远景规划》。
1956—1958 年	清华大学副校长，兼任中国科学院力学研究所副所长、中国科学院自动化研究所筹委会主任、中国自动化学会筹委会主任、国务院科学规划委员会委员；作为中国力学学会发起人之一，担任第一届理事会副理事长；与钱学森、郭永怀等开设我国第一个力学研究班和力学师资培训班。
1975 年	当选第四届全国人民代表大会代表。
1977—1990 年	在全国各地巡回演讲关于实现四个现代化问题、系统工程、变分法和有限元、广义变分原理等，共计 200 余场，听众逾 40 万人次。
1980 年	兼任《简明不列颠百科全书》中美联合编审委员会中方委员，创办《应用数学和力学》（中英文双刊）月刊；当选中国人民政治协商会议第五届全国委员会常委。
1981—1991 年	发起成立中国中文信息学会并任理事长。
1982 年	获国家自然科学奖二等奖。
1983—1994 年	上海工业大学校长。
1983 年	当选中国民主同盟第五届中央委员会副主席。

1984 年	创办上海市应用数学和力学研究所并任所长,提出新型计算机汉字输入法——汉字宏观字形编码,简称"钱码"。
1985—1990 年	中华人民共和国香港特别行政区基本法起草委员会委员兼科教文宗教组组长及区旗区徽评选委员会主任。
1987 年	当选中国人民政治协商会议第六届全国委员会副主席。
1988 年	当选中国人民政治协商会议第七届全国委员会副主席、中国民主同盟第六届中央委员会副主席。
1988—1993 年	中华人民共和国澳门特别行政区基本法起草委员会副主任委员兼文化与社会事务组组长及区旗区徽评选委员会主任,中国和平统一促进会会长。
1989—1993 年	支援贵州毕节试验区规划实施专家顾问组组长。
1990 年	中国海外交流协会会长。
1992 年	当选中国民主同盟第七届中央委员会副主席、名誉主席。
1993 年	当选中国人民政治协商会议第八届全国委员会副主席。
1994—2010 年	上海大学校长。
1997 年	当选中国民主同盟第八届中央委员会名誉主席。
1997 年	获何梁何利基金"科学与技术成就奖"。
1998 年	当选中国人民政治协商会议第九届全国委员会副主席。
2002 年	当选中国民主同盟第九届中央委员会名誉主席。
2010 年 7 月 30 日	因病在上海逝世。

附录二

钱伟长 1983—2010 年表

1983 年

1月16日　到任上海工业大学，学校召开欢迎会，上海市副市长杨恺、教卫办主任舒文到会并讲话。

1月18日　《文汇报》对钱伟长就任上海工业大学校长进行报道。

1月20日　《解放日报》对钱伟长就任上海工业大学校长进行报道，上海电视台播放学校欢迎钱伟长的录像。

1月　　　到上海工业大学电机工程系检查实验室工作。

9月29日　在上海工业大学全体教师会议上作关于办学方向的专题报告。

10月29日　向上海工业大学邀请来的上海市经委主任李家镐、教卫办主任毛经权、计委副主任孟树模、建委副主任张绍梁、高教局顾问韩中岳、高教局副局长蒋凌械、高教局副局长张瑞琨、规划院院长周镜红及各委办局有关部门负责人通报学校总体规划。

10月　　中共上海市教卫党委副书记胡绿漪到上海工业大学宣布学校党政领导班子成员。

12月8日　向上海工业大学全体研究生指导教师作研究生培养工作的报告。

是年秋　由上海工业大学党委副书记王力平陪同，到机械工程系检查实验室工作。

永远的校长
钱伟长 1983—2010 年画传

1984 年

1 月	领衔的"固体力学"获批博士学位授权点，这是上海工业大学第一个博士点。
3 月 5 日	邀请上海市计委、建委、高教局、农业局、规划院、建设银行、宝山县及闸北区等负责人到校，共商学校征地事宜，与会者同意征用宝山县彭浦乡两个生产队的土地，共计 286 余亩。
4 月 7 日	在上海工业大学与国家教育部干部司师资处同志谈教师培训问题。
5 月 11 日	增补为上海工业大学学位评定委员会委员，并任主席。
5 月 16 日	创办上海市应用数学和力学研究所，兼任所长。
6 月 20 日	提出办好上海工业大学、提高教学科研水平、加强师资队伍建设的九条意见。
7 月 2—5 日	率领上海工业大学部分领导和教师赴江苏无锡、沙洲（今张家港）、常熟商谈科技协作事宜；应沙洲县政府邀请，兼任沙洲职业工学院名誉院长。
7 月	赴美国、丹麦、荷兰等国参加学术会议。
8 月	出访瑞典。
9 月 22 日	在上海工业大学中层干部会议上作"教学改革如何适应三个面向"的讲话。
10 月 26 日	出席上海工业大学科技工作会议并讲话。
10 月	出访美国。
12 月 1 日	兼任上海工业大学尚功科学技术开发总公司名誉董事长。
是年冬	赴北京参加《简明不列颠百科全书》（国际中文版）常务编委审稿会。

1985 年

1 月	赴香港中文大学崇基学院演讲。
3 月 5 日	在上海市政府，会晤市长汪道涵，汇报上海工业大学工作。
4 月 15 日	在上海市政府，会晤市长汪道涵，汪市长同意王宽诚教育基金贷款留学生考选办公室（上海）设在上海工业大学。

4月17日	参加全国交叉科学讨论会，与钱学森、钱三强相邻而坐，留下"三钱"合影。
5月4日	会见香港星光传呼集团董事长黄金富，同意在上海工业大学设立黄金富奖学金。
8月22日	在上海市政府，会晤市长江泽民，汇报上海工业大学工作。
8月27—28日	巡视设在上海工业大学的王宽诚教育基金贷款留学生考场。
9月	聘请陈省身为上海工业大学名誉教授；与加拿大拉耶逊学院签订两校合作协议书；陪同荷兰友人冯·康普教授访问江苏省沙洲县（今张家港市）。
10月14日	出席上海工业大学授予王宽诚名誉校务委员暨王宽诚奖学金授奖仪式，向王宽诚授予证书，颁发王宽诚奖学金和人民奖学金。
10月15日	出席上海工业大学校友会成立大会并讲话。
10月17日	出席上海工业大学建校25周年庆祝大会并讲话。
10月28—31日	主持在上海召开的国际非线性力学会议，会见并招待参加国际非线性力学会议的中外专家。

1986 年

1月	聘请任之恭为上海工业大学名誉教授。
3月	参加全国汉字输入方法评测工作开幕式并讲话。
5月9日	出席上海发明协会成立大会，当选会长。
6月5日	在上海工业大学学生政工干部会议上作"培养全面发展的人"的讲话。
6月30日	担任上海工业大学教师职务聘任委员会主任。
7月12日	在上海工业大学全校教师干部大会上作"教学改革和实行聘任制"的讲话。
10月	王宽诚教育基金会考选委员会第二次会议在上海工业大学召开，代表学校举行欢迎招待会；与德国鲁尔大学签订两校合作培养博士研究生协议书；出访美国。
是年	会见荷兰阿姆斯特丹大学德耶戈教授。

1987 年

3月	出席在香港举行的《简明不列颠百科全书》首展仪式。
4月9日	在京出席全国政协六届五次会议,当选中国人民政治协商会议第六届全国委员会副主席;会议期间,邓小平同志在北京人民大会堂与钱伟长同志亲切握手。
5月11日	在上海市政府,会晤江泽民市长,汇报上海工业大学工作。
5月16日	出席在上海工业大学举行的工程师高级课程进修班首届结业暨第二届开学典礼并讲话。
5月22日	出席民盟上海工业大学总支委员会成立大会并讲话。
5月	在上海工业大学教学工作会议上作"教书育人"的讲话。
6月	出访加拿大,参加加拿大拉耶逊学院校庆并接受该校授予的荣誉勋章;与上海工业大学常务副校长徐匡迪一起,出席"中国大学生上海桑塔纳篮球邀请赛开幕式"。
7月	出访波兰。
9月	参加上海工业大学博士研究生论文答辩会;率团访问加拿大蒙特利尔大学工学院,签订两校交流与合作协议书;在澳门接受东亚大学名誉博士学位。
12月14日	致信云南省委、省政府,对滇西地区开发提出建议。
是年夏	在乐乎楼会见我国改革开放杰出贡献人物秦振华。

1988 年

3月4日	在澳门东亚大学作学术报告。
5月13日	出席在上海工业大学举行的上海市研究生科技学术协会成立大会。
5月16日	出席上海工业大学、上海科学技术大学计算机学院成立大会并讲话。
5月	与校党委书记郑令德、常务副校长徐匡迪一起,参加上海工业大学第一次

	系主任沙龙；到上海工业大学体育教研组与体育教师座谈。
7月7日	出席上海工业大学图书馆委员会全体委员会议，就图书馆规章制度、图书馆工作方针、新馆布局等问题发表讲话。
12月17日	出席上海工业大学教育发展基金理事会会议并讲话。
是年秋	参加上海工业大学学生英语竞赛活动。

1989 年

2月	赴香港大学讲学。
4月	主持上海工业大学科技工作座谈会。
11月	为上海工业大学集邮协会题词："集邮活动可以提高文化素养"；获中国科学院荣誉章。
12月20日	中共上海市委书记、市长朱镕基到上海工业大学乐乎楼亲切看望钱伟长。

1990 年

4月	访问加拿大多伦多大学和蒙特利尔大学。
8月31日	出席上海工业大学文化艺术指导中心成立大会并讲话。
10月9日	接受著名书画家为祝贺上海工业大学校庆赠送的书画。
10月14日	出席庆祝上海工业大学建校30周年大会并作校庆献辞，向"荣誉校友""优秀校友"颁发证书；与日本新日铁公司川合保治教授一起为上海工业大学文荟图书馆揭幕。
10月	授予美国罗切斯特大学校长罗斯为上海工业大学荣誉博士；授予香港浸会大学校长谢志伟、香港大学副校长张佑启为上海工业大学荣誉博士；向到访的日本大阪大学校长熊谷信昭赠送《钱伟长科学论文选》；为上海工业大学行健楼结顶剪彩；参加上海工业大学建校30周年校庆活动；与美国罗切斯特理工学院院长签订两校合作协议书。

11月	会见白俄罗斯教育代表团并赠送《钱伟长科学论文选》；偕夫人孔祥瑛和钱穆夫人胡美琦访问母校——无锡市荡口镇中心小学。
是年秋	为上海工业大学来华留学生颁发"好学生"证书。

1991年

1月15日	获国家教育委员会荣誉证书，表彰其40年来在高教科研工作中的杰出贡献。
1月	在京出席中央召开的1991年元旦茶话会，江泽民在茶话会上与钱伟长亲切握手；参加上海工业大学校务指导委员会会议。
4月	参加清华大学80周年校庆活动；参加中国民主同盟成立50周年大会。
9月	"固体力学"博士点经国务院学位委员会批准取得设立博士后流动站资格。
10月11日	在上海工业大学1991级学生大会上作"掌握武器，坚定方向，承担历史任务"的讲话。
10月	参加中日合资上海凸版摩亚系统软件开发有限公司正式开业仪式。
11月	在乐乎楼会晤到访的上海市副市长、上海工业大学校务指导委员会主任委员顾传训。

1992年

1月6日	在乐乎楼，中午与上海市教卫办主任、高教局局长王生洪交谈；下午与中共上海市委副书记陈至立、教卫党委副书记胡绿漪交谈。
1月7日	会见由上海市高教局副局长魏润柏带队的市重点学科建设情况检查团。
1月13日	向14位被聘为上海工业大学兼职教授的来自产学合作教育中工业部门的高级工程师授证。
4月6日	主持上海工业大学校长、书记联席会议。
4月8日	出席在上海工业大学举办的上海市总工程师联谊会。
4月12—21日	率上海工业大学代表团出访日本。

5月30日	主持上海工业大学校长、书记联席会议。
5月	出访荷兰；在乐乎楼会晤到访的中共上海市委副书记陈至立；在珠海市会晤中共上海市委书记吴邦国。
6月3日	主持盖拉格、陈天枢上海工业大学荣誉博士授证仪式。
6月4日	在乐乎楼会晤中共上海市教卫党委书记刘克、教卫办主任兼高教局局长王生洪。
7月	访问香港。
9月7日	为上海工业大学全体研究生作"高科技与社会发展"的报告。
10月7日	为中国电子工业总公司工程师廖幼鸣颁发上海工业大学顾问教授聘书。
10月9日	参加上海工业大学举行的"钱伟长教授从事科研教学五十五周年庆祝会"、《钱伟长文选》首发式暨钱伟长科研教育思想研讨会等活动；为上海工业大学名誉教授张建平授证。
11月4日	会见在上海工业大学举办的"华东地区地方工科院校协作组第十次年会"与会代表。
11月7日	为上海工业大学兼职教授胡兆生授证。
11月9日	主持上海工业大学校长、书记联席会议。
11月28日	会见到访的卞学鐄夫妇。

1993 年

2月8日	出席在上海工业大学举办的会计国际接轨研修班。
5月4日	出席上海工业大学青年教师联谊会并作"大学教师必须搞科研"的讲话。
5月5日	出席《应用数学和力学》（英文版）在上海出版一百期座谈会并讲话。
8月28日	出席上海工业大学1993级新生开学典礼并讲话；出席新生军训阅兵式。
8月30日	出席上海工业大学研究生开学典礼并讲话；在上海工业大学系主任和总支书记会议上作"谈教师队伍建设和教学改革问题"的讲话。
8月31日	主持上海工业大学校长、书记联席会议。

10月	聘请浙江大学校长路甬祥为上海工业大学顾问教授。
11月4日	出席1993年度上海工业大学光华奖学金授奖大会。
11月9日	主持上海工业大学校长、书记联席会议。
11月	聘请上海工业大学校友、中共上海市委副书记王力平为上海工业大学兼职教授。

1994年

2月1日	主持上海工业大学迎春团拜会并讲话。
2月2日	访问（原）上海大学法学院。
3月27日	出席上海市科委在上海工业大学召开的上海市非线性科学活动中心筹备工作会议。
3月30日	主持上海工业大学校长、书记联席会议，听取副校长余忠荪关于新机关楼建设设想的汇报，并就合校体制与建设问题发表重要意见。
4月6日	在乐乎楼会晤上海市副市长龚学平；出席上海工业大学一年级学生大会并讲话。
4月7日	出席上海工业大学研究生大会并讲话。
4月8日	在上海工业大学党委书记吴程里陪同下，到上海科学技术大学作报告。
4月9日	由上海工业大学党委书记吴程里陪同，访问（原）上海大学工学院。
4月25日	国家教委发文致上海市人民政府，同意上海工业大学、上海科学技术大学、上海大学、上海科技高等专科学校合并，成立上海大学。
5月4日	中共中央总书记、国家主席江泽民为新组建的上海大学题写校名。
5月16日	主持上海大学第一次校长、书记会议，中共上海市教卫党委书记郑令德、教卫办主任兼高教局局长王生洪、副书记项伯龙、副主任殷一璀等参加会议，郑令德代表教卫党委、教卫办宣读中共上海市委关于建立上海大学党政领导班子、市教卫党委关于上海大学党委常委和委员组成成员的通知。

5月17日	上海市政府发文，任命钱伟长为上海大学校长，方明伦、杨德广、郭本瑜为上海大学常务副校长，黄黔、陈大森、沈学超、龚振邦、壮云乾为上海大学副校长，余忠荪、李明忠、徐得名、汪国铎为上海大学副局级巡视员，严东生、黄宏嘉为名誉校长。
5月27日	出席在上海展览中心友谊会堂举行的上海大学成立大会并讲话，与上海市市长黄菊一起为上海大学揭牌。
5月29日	《中国青年报》刊登田辉东的文章《钱伟长谈文物》。
5月	出席上海市非线性科学活动中心成立大会，与上海市副市长徐匡迪一起，为上海市非线性科学活动中心揭牌；聘请谢晋担任上海大学影视艺术技术学院院长；会见到访的谷超豪院士。
6月1日	会见到访的美国西弗吉尼亚理工学院院长约翰·卡里一行。
6月3日	在京参加中国工程院成立大会和中国科学院第七次院士大会；江泽民同志在北京中南海怀仁堂接见出席中国工程院成立大会和中国科学院第七次院士大会代表时，与钱伟长同志亲切握手。
6月	出席上海大学深化教学改革研讨会并讲话。
9月17日	在上海大学校长、书记、院长会议上作"教育改革的五年目标"的讲话。
11月12日	应邀前往上海市闸北区政府了解闸北区规划情况。
11月18日	会见到访的香港杨谭公司谭莆芸总经理。
11月19日	出席上海大学与上海市徐汇区合作协议签字仪式。
12月26日	出席上海市应用数学和力学研究所成立10周年庆祝大会并讲话。
12月28日	出席上海大学迎春团拜会。
12月29日	出席在上海杂技场举行的上海大学歌咏会并发表讲话。

1995 年

2月19日	向上海大学新组建的8个学院的正、副院长颁发聘书，并就学校今后发展

	目标作了讲话。
2月20日	出席上海大学夏征农顾问、王宽诚客座教授授聘仪式，并向夏征农顾问和杜宣、蒋学模、蒋孔阳、章培恒、唐振常、谢稚柳、方增先7位客座教授颁发聘书。
2月22日	出席上海大学与上海社会科学院联合办学培训研究生签字仪式并讲话；出席上海大学与中科院上海生理研究所、细胞生物研究所、植物生理研究所组建上海大学生命科学学院合作协议签字仪式并讲话。
5月16日	出席上海大学学生贷学金设立仪式。
5月19日	出席上海大学影视艺术技术学院、生命科学学院、外国语学院成立大会并向学院院长颁发聘书。
5月20日	出席有上海大学学生参加的以"爱国、和平、发展"为主题的上海市大学生广场歌咏会。
5月22日	主持上海大学校长、书记会议，听取分管领导关于迎接国家教委对上海大学"211工程"部门预审的准备情况汇报。
6月12日	为上海大学与上海市高等教育研究所联合成立的上海市大学生研究中心揭牌，向上海工业大学毕业生何志明授予荣誉校友证书；在上海大学各学院院长、书记、博士生导师会议上作"高科技与新学科"的讲话。
7月22日	出席上海大学名誉教授杨振宁授证仪式并讲话；会晤中共上海市委统战部部长王生洪。
9月14日	出席上海大学与上海市闸北区人民政府合作协议签字仪式。
9月15日	在上海大学1995级新生干部会议上作"积累知识 学以致用"的讲话。
9月16日	出席在上海美术馆举行的上海大学与陈香梅基金会联合主办的"唐锐鹤教授雕塑艺术作品展"开幕式。
10月25日	主持上海大学校长、书记会议；出席上海大学学生工作会议并讲话。
11月	在乐乎楼会晤到访的全国人大常委会副委员长雷洁琼、中共上海市委原副

书记陈沂。

12月30日　向上海大学和市三女中室内吹奏乐团在上海音乐厅联袂演出的新年音乐会发贺信。

1996 年

1月10日　出席在上海大学举行的1995年上海市高校"三育人"先进集体表彰大会并讲话。

2月25日　在乐乎楼会晤上海市市长徐匡迪、教委主任郑令德，商谈上海大学新校址选址方案。

6月25日　出席上海大学悉尼工商学院首届学生毕业典礼。

6月26日　出席上海大学与上海有线排球俱乐部联合办学签约仪式，并授予俞梦娜、李字镛为上海大学兼职教授。

7月2日　授予著名数学家王元院士为上海大学理学院名誉院长。

7月3日　在上海大学部处长、院长、书记会议上作"师资队伍建设和研究生培养"的讲话。

9月19日　在上海大学中层干部会议上作"谈人才培养"的讲话。

9月20日　出席在沙洲县（今张家港市）沙洲宾馆礼堂举行的上海大学工学院揭牌仪式暨开学典礼并讲话。

12月7—8日　巡视上海大学部分重点实验室和成果展示。

12月23日　出席上海大学"211工程"部门预审开幕式并讲话，会议由上海市政府秘书长周慕尧主持，副市长龚学平宣读专家组人员名单，上海大学党委书记吴程里致欢迎词，国家教委副主任韦钰讲话，中共上海市委副书记陈至立致辞。

12月26日　出席上海大学文、法、商、经学科案例教学经验交流会并讲话。

是年　在上海大学学生工作会议上作"培养跨世纪的一代新人"的讲话。

1997 年

3月26日	会见到访的日本创价学会副会长三津木俊幸、名誉会长秘书潮田普二；会见到访的香港科技大学校长吴家玮。
5月12日	欢迎国际著名社会活动家、日本创价学会会长池田大作访问上海大学，并授予其为上海大学名誉教授。
5月14日	在上海大学招生工作新闻发布会上作"坚持招生与毕业生就业制度改革"的讲话；会见日本创价大学校长小室金之助。
5月17日	会见SSRF（上海光源）工程预研指挥部领导和专家。
5月20日	出席同济大学建校90周年庆祝大会。
5月24日	出席上海大学校庆暨校友会理事会成立大会。
5月28日	出席上海大学蔡冠深教育奖励基金会暨首次奖学金颁发仪式并讲话。
5月	在"迎接香港回归，走向灿烂明天"上海大学学生演讲会上作"自强不息，创造性地走向未来"的讲话。
6月4日	在乐乎楼会晤中共上海市委书记黄菊、副书记陈至立，商谈上海大学新校区建设。
6月6日	在上海大学出席谢晋报告会暨《鸦片战争》献映式并讲话。
9月4日	会见到访的台湾大学应用力学研究所鲍亦兴夫妇。
9月8日	出席授予潘国驹顾问教授授证仪式并讲话。
9月9日	出席上海大学庆祝第十三届教师节暨表彰大会并讲话。
9月23日	获何梁何利基金"科学与技术成就奖"，在香港举行的颁奖大会上，由国务院总理朱镕基、香港特首董建华颁奖。
9月26日	出席上海经济管理中心成立暨香港瑞安集团向上海大学捐赠1200万港元仪式并讲话，与香港瑞安集团董事长罗康瑞一起为上海经济管理中心揭牌。
10月13日	看望上海大学理学院1997级基础强化班师生，与师生座谈。

10月25日	在宝隆宾馆会晤中共宝山区委书记姜燮富、区长于根生。
10月27日	会见到访的法国罗纳—阿尔卑斯大区教委主任。
10月	在上海大学嘉定校区体育馆，听取在此举行的第八届全国运动会乒乓球赛事准备工作汇报。
11月25日	在上海大学举办的第七届全国现代数学和力学学术会议上发表录音讲话。
11月	在上海大学延长校区，陪同上海市领导徐匡迪、王力平、龚学平、周慕尧及市教卫党委书记王荣华等人观看上海大学新校区建设规划沙盘。
12月26日	出席上海大学新校区工程奠基仪式并讲话，为上海大学新校区奠基石挥锹培土；出席由上海电视台、上海城隍庙第一购物中心有限公司为上海大学影视艺术技术学院各提供100万人民币，设立"影视教育基金"签约仪式并讲话。
12月29日	出席上海大学"211工程"建设项目可行性研究报告论证会并讲话。

1998年

1月12日	出访美国，访问期间专程赴费城拜访老师顾毓琇。
4月4—8日	率上海大学代表团出访日本，参加日本创价大学的开学典礼，接受名誉博士授证并在授证仪式上作演讲，还会见了日本创价学会会长、上海大学名誉教授池田大作。
4月18日	为鲍家善教授80华诞暨从教60周年举行庆贺活动送了庆贺花篮和贺卡。
4月28日	与上海大学研究生会、学生会部分干部以及邓小平理论研讨会主要成员座谈。
4月29日	会见云南省高校代表团。
4月	出席上海大学劳动模范联谊会成立会；会见上海大学顾问教授、香港瑞安集团董事长罗康瑞。
6月9日	出席上海大学1998年研究生毕业暨学位授予典礼，为博士毕业生授证。
6月12日	出席上海大学名誉教授李政道授证仪式并讲话；出席在上海市敬业中学举

	行的叶企孙先生铜像落成典礼。
6月13日	会见由韩国岭南大学校长金相根率领的韩国岭南大学代表团。
6月	出席中日广告教育交流项目协议签字仪式；在上海大学嘉定校区体育馆会见全国大学生第十三届"兴华杯"排球赛筹备人员。
8月17—20日	担任在上海大学召开的第三届国际非线性力学会议主席，来自中、美、俄等国近140位专家学者参加会议；会议期间，在乐乎楼会晤出席第三届国际非线性力学会议开幕式的上海市副市长周慕尧；上海市市长徐匡迪在上海市政府接见第三届国际非线性力学会议的部分与会专家学者时与钱伟长合影。
9月15日	赴浙江杭州出席新浙江大学成立大会。
10月19日	为上海大学1998年学生科技节题词："科技创新 自强不息。"
11月11日	会见由江苏省政协副主席冯健亲率领的江苏省政协教育考察团。
11月25日	在上海大学延长校区科技楼会议室会晤中共上海市委副书记龚学平、副市长周慕尧，感谢市委、市政府对新校区建设的支持和关心。
11月26日	出席上海大学"学习邓小平教育理论、深化教育教学改革动员大会"并讲话。
11月27日	聘任著名经济学家于光远为上海大学客座教授、名誉院长。

1999 年

1月6日	巡视上海大学新校区工地，了解新校区建设进展，并与上海市教委副主任薛沛建，校党委书记、常务副校长方明伦就有关问题在现场讨论。
1月15日	赴香港浸会大学讲学。
2月12日	在京参加中央举办的党外人士迎春座谈会，胡锦涛同志在座谈会上与钱伟长亲切握手。
2月24日	巡视上海大学新校区建设工地。
3月24日	会见到上海大学调研的中共上海市教育党委领导王荣华、项伯龙、张伟江；

	在上海大学嘉定校区主持"加强基础课实验环节和基础课教学座谈会"。
5月23日	出席授予党鸿辛院士为上海大学兼职教授仪式；会见在上海大学举行的上海高校女书记、女校长联谊会与会人员。
5月	向新聘任的上海大学文学院院长叶辛授聘书。
7月1日	会见到访的台湾东吴大学校长吴源俊。
7月2日	出席在上海图书馆举行、由上海大学与英国胡佛汉顿大学共同主办的英国设计展。
7月6日	出席由上海大学承接、上海市政府投资的上海城市规划展示馆多媒体陈列设备设计与制作项目签约仪式。
7月8日	在乐乎楼会晤国家计划委员会副主任郝建秀；与上海大学1997级基础教育强化班学生座谈。
7月20日	乘车检阅上海大学1999年军训学生。
7月29日	会见到访的上海大学访问的澳大利亚高校校长委员会主席以及拉筹伯大学副校长。
7月30日	会见到访的俄罗斯纳塔尔市市长。
8月27日	出席在上海大学召开的《简明不列颠百科全书》（国际中文版）出版座谈会并讲话。
8月29日	巡视上海大学新校区建设工地。
9月12日	出席上海大学新校区启用暨开学典礼并讲话。
9月13日	出席上海大学1999年第25次校长、书记会议。
10月18日	召集上海大学部分学院院长和研究生导师研讨如何提高研究生培养质量。
10月24日	到"上海大学—同济大学学生围棋对抗赛"对局室看望棋手。
10月25日	出席上海大学1999年第27次校长、书记会议。
10月26日	会见全国工程硕士教学委员会专家组成员，国家学位委员会委托全国工程硕士教学委员会专家组对上海大学申请工程硕士点进行实地考察。

10月27日	在上海大学延长校区巡视部分研究中心和重点实验室。
10月29日	出席上海大学本科生教育教学改革座谈会并讲话。
10月30日	出席上海市应用数学和力学研究所成立15周年座谈会。
11月3日	陪同中共中央政治局常委、国务院副总理李岚清视察上海大学新校区。
11月6日	会见到访的哈萨克国立大学代表团。
11月7日	会见由中国高等学校自然科学学报研究会主办、上海大学承办的全国高校英文版学报工作研讨会与会代表并合影。
11月9日	为文学院教师作题为"鲜卑族哪里去了"的讲座。
11月10日	出席授予费孝通上海大学名誉教授暨上海社会发展研究中心揭牌仪式并讲话，与费孝通一起为上海社会发展研究中心揭牌。
12月9日	主持召开上海大学青年教师座谈会。
12月29日	会见参加上海大学1999年度影视奖学、奖教金颁奖仪式的中共上海市委宣传部文艺处处长任仲伦、上海电视台台长朱咏雷、上海城隍珠宝总汇总经理赵德华。

2000年

1月1日	出席在上海国际会议中心举行的上海大学巴士汽车学院揭牌仪式并与上海市副市长周禹鹏为学院揭牌。
1月5日	慰问上海大学新校区监控室工作人员。
4月14日	会见澳大利亚高校代表团并接受澳大利亚拉筹伯大学校长迈克·奥斯本授予的该校荣誉博士学位证书。
4月20日	出席在乐乎楼会议室举行的Seminar并讲话。
4月25日	会见到访的日本会津大学校长野口正一教授等一行4人。
5月20日	出席由费孝通主持的上海社会发展研究中心主办的"社会变迁与现代化"国际学术研讨会开幕式并致辞。

5月24日	到上海大学生命科学学院指导工作，听取汇报并讲话。
5月28日	出席上海大学博士研究生学位论文集首发式并讲话。
5月	聘请顾毓琇教授为上海大学名誉教授。
6月7日	会见潘国驹教授。
6月	出席上海大学科学研究与技术创新工作会议并讲话；在乐乎楼会晤中共上海市委"三讲"巡视组组长刘克。
7月3日	在上海大学新校区看望学校2000年度市、校级优秀毕业生并合影。
8月28日	出席在上海大学新校区举行的2000年上海大学学生军训阅兵式暨表彰会，并与上海警备区李仰录少将一起乘车检阅军训学生。
8月	视察上海大学科技园区。
9月10日	出席在上海大学延长校区大礼堂举行的2000级研究生开学典礼并讲话。
9月21日	出席在上海大学延长校区科技楼举行的蔡冠深奖学金颁奖仪式并讲话。
10月9日	上海市政协主席王力平受全国政协和中共中央统战部委托，到乐乎楼给钱伟长送花篮祝贺生日快乐，中共中央统战部常务副部长刘延东通过电话向钱伟长转达全国政协副主席、中共中央统战部部长王兆国和她本人的祝贺。
10月14日	出席上海大学和国家计委国土开发与地区经济研究所联合成立的"区域经济研究中心"揭牌仪式；聘请冯之浚为上海大学客座教授。
10月27日	出席"上海大学男子排球队荣获第六届全国大运会冠军总结表彰会"。
10月30日	在理学院与任课教师探讨高等教育的理念与学校的发展规划。
11月5日	陪同全国政协副主席任建新视察上海大学新校区；出席授予梁洁华博士上海大学名誉教授授证仪式并讲话。
11月6日	出席上海大学广告系客座教授韩秉华先生、苏敏仪女士在上海"新天地"举行的设计展开展仪式。
11月8日	出席上海大学美术学院新址落成典礼并讲话，与中共上海市委副书记龚学平一起为美术学院新址揭牌，与来宾们在美院广场前种植纪念树木；出席

	上海大学图书馆新馆开馆典礼，与费孝通一起为图书馆揭牌，代表学校接受赠书单位赠书并颁发纪念铜牌。
11月17日	陪同全国政协副主席胡启立视察上海大学新校区。
11月20日	出席上海大学2000年第11次校长办公（扩大）会并讲话。
11月	与上海作家协会主席、上海大学文学院院长叶辛一起为上海大学图书馆"上海作家作品陈列与研究室"揭牌；与香港新华集团总裁蔡冠深一起为上海大学美术学院蔡冠深国际远程艺术交流中心揭牌；欢迎全国高等学校后勤社会化改革工作会议参会领导和代表到上海大学参观。
12月6日	出席授予日本民主党副代表石井一为上海大学顾问教授授聘仪式。
12月9日	出席2000年（宝山）上海大学校友会年会暨"校友纪念林"揭牌仪式并讲话。
12月11日	出席上海大学2000年第12次校长办公（扩大）会。
12月12日	到上海大学国际交流学院听取学院领导汇报。
12月22日	与费孝通一起出席由上海市社区发展研究会和上海社会发展研究中心联合举办的社区建设基本理论研习班并讲话。
12月25日	出席上海大学2000年第13次校长办公（扩大）会并讲话。
12月29日	出席上海大学国际交流学院举行的迈向新世纪联欢会，向学院领导赠送亲笔签名的论著《教育和教学问题的思考》。

2001年

1月4日	出席上海大学博士生导师工作会议。
1月5日	接受上海人民广播电台《大学校园》节目主持人罗平的专访。
1月8日	出席上海大学2001年第1次校长办公（扩大）会并讲话。
1月	到上海大学美术学院听取学院领导的汇报。
2月	为上海大学出版社出版的"上海大学案例教程丛书"撰写"序"；《收获》刊登叶辛的文章《钱伟长，从七房桥走出来》。

3月19日	访问暨南大学。
4月18日	《作家文摘》刊登钱伟长文章《"地下"的科学工作》。
5月14日	为国家级上海大学科技园区产学研结合"四通纳米港"揭牌仪式发贺信。
6月13日	《光明日报》刊发报道《钱伟长在南京大学受赠塑像》。
6月	参观上海嘉定孔庙；在上海大学嘉定校区与毕业生合影。
7月1日	《解放日报》刊登记者郑菁深的采访稿《"我最钦佩的是共产党"——访全国政协副主席、上海大学校长钱伟长》。
8月19日	出席上海大学军训阅兵式暨总结表彰大会。
8月24日	参加上海大学2001级研究生开学典礼并讲话。
8月27日	出席上海大学2001年第8次校长办公（扩大）会。
8月28日	巡视上海大学延长校区西部新建学生公寓。
9月11日	与费孝通一起到上海大学上海社会发展研究中心，与文学院的师生座谈。
9月12日	会见到访的日本会津大学校长池上彻彦。
9月13日	出席在上海大学举行的由中国教育国际交流协会（CEAL）和澳大利亚大学校长委员会（AVCC）共同主办、上海大学承办的"中澳高等教育论坛"开幕式。
9月25日	会见教育部高校教学评估专家委员会主任委员吴咏诗。
9月	出席上海大学2001级新生开学典礼并讲话。
10月8日	上海市政协主席王力平受全国政协办公厅和中共中央统战部委托并代表上海市政协和市委统战部到乐乎楼向钱伟长送上花篮，祝他生日快乐。
10月	出席上海大学2001年度光华奖学金颁奖大会；与华中科技大学原校长黄树槐一起为两校合作的快速制造工程中心成立揭牌。
11月9日	聘请文怀沙教授担任上海大学文学院名誉院长。
11月14日	《光明日报》刊登记者袁新文的采访稿《爱国是我终生不渝的情怀——访全国政协副主席、上海大学校长钱伟长院士》。

11月23日	会见到访的台湾铭传大学校长李铨。
11月25日	参观上海市第三届国际工业博览会,观看上海大学展台。
12月28日	出席上海大学国际交流学院新年招待会。
12月31日	视察上海大学理学院。
是年	徐匡迪即将赴京履任前,到乐乎楼看望钱伟长,谈到建大礼堂的事。

2002 年

1月19日	出席2002年上海大学校友新年联谊会。
1月21日	陪同香港浸会大学校长吴清辉观看上海大学新校区沙盘。
1月23日	视察上海大学新校区图书馆并赠书751册。
1月	聘任作家蒋子龙、王安忆、铁凝为上海大学客座教授。
2月9日	访问集美大学。
3月19日	出席上海大学"211工程""九五"期间建设项目验收会开幕式并讲话。
3月29日	视察上海大学成人教育学院新闸路办学点。
4月2日	偕同叶开沅看望上海大学国际交流学院留学生和对外汉语教师。
4月4日	视察上海大学外国语学院。
4月12日	与费孝通一起出席在上海召开的由上海市社会科学界联合会、上海市社区发展研究会、上海社会发展研究中心共同发起的"上海社区发展理论研讨会"开幕式。
4月15日	在上海大学校长办公(扩大)会上就"科学家的行为道德规范"以及学校的"十五"发展规划作了讲话。
4月26日	会见到访的法国驻沪总领馆教育领事马克·拉米。
5月12日	邀请上海市体育局、市教委和部分高校校长举行"体育教育与素质教育工作恳谈会"并讲话。
6月19—20日	出席在上海大学体育馆举行的2002届学生毕业典礼和拍毕业照活动,向优

秀毕业生颁发证书，全校4480位应届毕业生分四批参加。

8月13日	与英国格拉斯哥大学的奥格登院士共同担任第四届国际非线性力学会议联合主席。本次会议经中国科协批准，由中国力学学会、上海市科委和上海大学联合主办。
8月14日	第四届国际非线性力学会议大会组委会在上海浦江游览船上举办钱伟长90华诞庆祝活动。
8月29日	出席在上海大学体育馆举行的2002年新生开学典礼并讲话。
8月	为上海市宝山中学建校70周年校庆题词："自强不息 与时俱进"；出席"雷氏铁皮石斛杯"第三届亚排联东区排球锦标赛开幕式，接见参加"雷氏铁皮石斛杯"第三届亚排联东区排球锦标赛的上海大学男子排球队。
9月4日	出席在上海大学体育馆举行的2002级研究生新生开学典礼并讲话。
9月11日	聘请陈香梅为上海大学顾问教授。
9月	出席"钱伟长杯"上海高校大学生足球联赛开幕式。
10月9日	受中共中央和江泽民、李瑞环、李岚清等领导的委托，中共中央政治局委员、上海市委书记黄菊到乐乎楼看望钱伟长，上海市教委与上海大学共同举行钱伟长90华诞庆祝活动，会上宣读吴官正、马万祺、费孝通、徐冠华、路甬祥等祝贺钱伟长90华诞的贺信，中共中央统战部常务副部长刘延东致贺词，殷一璀代表中共上海市委、市政府致贺词，学生代表和教师代表向钱伟长献花，受教育部部长陈至立委托，张保庆副部长此前专程到乐乎楼向钱伟长表示祝贺；出席《跨越世纪》及《钱伟长教授在上海教育活动二十年》首发式，分别向本科生代表李莹、研究生代表梁磊和教师代表任忠鸣赠书。
10月16日	《解放日报》刊登记者陈江、诸巍的采访稿《九十说"懂"——听钱伟长谈创新》。
10月23日	接见上海大学青年女教师、女干部代表。

12月4日	为上海大学师生作形势报告。
12月9日	出席上海大学2002年第15次校长办公会并讲话。
12月13日	与上海大学理学院院长沈学础院士商讨理学院的发展思路。
12月14日	出席在上海大学举行的上海高校"钱伟长杯"大学生足球联赛颁奖仪式。

2003年

3月24日	出席上海大学2003年第4次校长办公会并讲话。
3月	到上海大学文学院,分别与中文系、历史系教授座谈。
4月2月	到上海大学嘉定校区视察国际工商和管理学院。
4月9日	《解放日报》刊登记者程康萱、通讯员周艳的采访稿《迷上体育的科学大师——记上海大学校长钱伟长院士》;视察上海大学外国语学院。
4月30日	在乐乎楼会见中共闸北区委书记姚海同、副区长韩晓玉。
6月20日	召集上海大学负责学生思想政治工作的部分干部、教师座谈,讨论如何抓好学生思想政治教育。
7月1日	出席上海大学2003届优秀毕业生表彰会暨毕业典礼并讲话。
8月4日	出席上海大学中层干部会议并就学校本科教学工作发表意见。
9月11日	出席上海市应用数学和力学研究所2003年教师节、中秋节师生座谈会。
9月28日	在上海大学体育馆会见国家女排前任队员张蓉芳。
10月19日	会见教育部本科教学工作水平评估专家组成员并向专家组介绍新上海大学组建10年来的改革和发展。
10月24日	出席教育部本科教学工作水平评估专家组意见反馈会,专家组组长李延保宣读《教育部专家组对上海大学本科教学工作水平评估的考察意见》。
11月24日	到上海大学新闸路校区看望成人教育学院师生。
11月27日	在乐乎楼会见到访的教育部副部长章新胜。
12月3日	到上海大学嘉定校区视察国际工商和管理学院并与部分教师座谈。

是年	在乐乎楼会晤上海市副市长严隽琪。

2004 年

1月21日	中共上海市委副书记殷一璀、副市长严隽琪到乐乎楼给钱伟长拜年。
2月10日	在乐乎楼会见教育部副部长袁贵仁。
2月16日	接受《新民晚报》记者孙雯的采访。
2月20日	听取上海大学党委副书记、副校长周鸿刚关于学校安全工作的汇报。
3月1日	《新民晚报》刊登记者孙雯的采访稿《与体育结下70多年的缘分——访著名科学家、上海大学校长钱伟长》。
3月10日	会见在加拿大多伦多大学留学时的导师辛祺（J. L. Synge）教授的女儿、美国纽约大学柯朗数学科学研究所教授莫拉维支女士。
3月14日	出席上海大学2003—2004学年春季学期研究生首日教育报告会并讲话。
5月6日	在上海大学国际会议中心会见参加新上海大学组建10周年庆典活动之一——"大学的未来与上海大学的发展"专家咨询会与会专家，并赠送《钱伟长文选》。
5月7日	出席上海大学组建10周年庆祝大会。
5月11日	在上海大学校长办公（扩大）会上，对学校发展和文科科研等方面作了重要讲话。
5月14日	召见上海大学国际交流学院领导，谈如何进一步搞好留学生教育工作。
5月28日	出席上海大学世博艺术与展示中心揭牌仪式。
6月30日	出席上海大学2004届优秀毕业生毕业典礼。
7月26日	出席上海大学2004年第二次党委全委扩大会议并讲话。
8月	观看在上海大学举行的第七届全国大学生运动会，为田径比赛获奖运动员颁奖。
10月8日	出席"庆祝上海市应用数学和力学研究所创立20周年暨敬贺钱伟长校长

	92 华诞"活动。
10月9日	上海市政协副主席宋仪侨到乐乎楼祝贺钱伟长92华诞。
12月3日	向南开大学发唁函,深切哀悼陈省身教授。
12月7日	出席上海大学2004年度光华奖学金颁奖典礼。
12月21日	会见到访的上海大学艺术中心兼职教授、钢琴家刘诗昆。
是年	出席在上海大学举办的中国循环经济发展论坛;会见到访的北京大学教授杨芙清院士。

2005 年

2月28日	出席上海大学2005年第2次校长办公会并讲话。
4月23日	在上海大学国际会议中心欢迎到访的法国总理让-皮埃尔·拉法兰。
5月18日	全国政协副主席、中共中央统战部部长刘延东到乐乎楼看望钱伟长。
5月30日	到上海大学艺术中心看望师生。
6月4日	在乐乎楼会见教育部副部长赵沁平。
6月5日	出席上海大学2005年研究生毕业典礼暨学位授予仪式;到上海大学新世纪学生公寓看望学生。
7月26日	《光明日报》刊登记者齐芳的采访稿《钱伟长寄语青年学子》。
7月	接连到上海大学成人教育学院、图书馆、行政办公楼看望师生员工。
8月8日	出席上海大学2004级本科生军训阅兵仪式。
8月28日	出席上海大学研究生开学典礼。
9月10日	上海市政协主席蒋以任到乐乎楼看望钱伟长,向他转赠"中国人民抗日战争胜利60周年纪念章",代表全国政协办公厅和上海市政协向他赠送花篮,祝他身体健康,教师节、中秋节愉快。
9月11日	中共中央政治局常委、全国政协主席贾庆林到乐乎楼亲切看望钱伟长,并代表中共中央和胡锦涛总书记向他表示问候和祝愿。

9月16日	中共上海市科教党委书记李宣海和市教育工会主席夏玲英到乐乎楼看望钱伟长。
9月27日	接受香港《大公报》"音乐天空"专栏记者采访，钢琴家刘诗昆在座。
9月29日	聘任方明伦为上海大学终身教授。
9月	会见到上海大学参观的台湾大学教授访问团。
10月9日	江苏省政协主席许仲林专程到乐乎楼祝贺钱伟长93华诞。
10月27日	到上海大学艺术中心看望学生。
10月31日	出席上海大学2005年第14次校长办公会并讲话。
10月	会见到访的美国加州大学教授。
11月1日	接见上海音乐学院副教授、歌唱家杨学进。
11月14日	会见到上海市应用数学和力学研究所作学术报告的杨卫院士。
11月28日	为上海大学大学生研究中心编写的丛书"与时代同步伐，与祖国同命运，与人民齐奋斗"撰写"寄语青年朋友"。
12月19日	参加上海市应用数学和力学研究所周文波博士论文答辩会。

2006 年

1月	听取上海大学副校长叶志明关于教学工作的汇报。
3月18日	接见上海大学第21、第22届研究生会主席团成员并合影。
3月20日	到上海大学图书馆、文学院、大礼堂检查学校开学工作，看望师生。
3月29日	再次接受香港《大公报》"音乐天空"专栏记者采访，钢琴家刘诗昆在座。
3月30日	接见上海大学2006年度校长奖学金部分获奖学生。
4月3日	听取上海大学科研处工作汇报。
4月4日	看望研究生工作党委、团委以及研究生联合会的师生。
4月6日	听取上海大学人事处工作汇报。
4月12日	会见到访的加拿大多伦多大学校监一行9人并接受"多伦多大学杰出校友奖"。

4月17日	到上海大学延长校区学生社区看望学生。
4月24日	出席上海大学2006年第5次校长办公会并讲话。
5月27日	接见上海大学研究生代表。
5月	聘任徐匡迪院士为上海大学终身教授。
6月7日	到上海大学教务处、研究生部检查工作。
9月26日	上海市政协副主席宋仪侨受全国政协办公厅委托，代表全国政协、上海市政协及蒋以任主席到乐乎楼看望钱伟长，祝贺他94岁生日，并祝中秋愉快。
12月15日	为深圳市举办第26届世界大学生夏季运动会筹备委员会题词："勇于拼搏 敢于争先 展示年轻深圳的风采。"

2007年

4月6日	中共上海市委书记习近平到任上海第三天，即到上海大学乐乎楼看望钱伟长，习近平与钱老亲切交谈，关切地询问钱老的身体和生活情况，称赞他为中国改革开放事业和上海发展作出的贡献，并祝他健康长寿。
10月8日	上海市副市长杨定华、中共上海市委副秘书长李逸平、市科教党委书记李宣海、市教委主任沈晓明等到乐乎楼看望钱伟长，祝他生日愉快。
10月9日	全国政协副秘书长杨崇汇、上海市政协主席蒋以任、中共上海市委统战部部长杨晓渡等到乐乎楼看望钱伟长，祝他生日愉快；上海大学举行钱伟长95华诞庆祝活动，全国政协副主席徐匡迪发来贺信，中共中央原政治局常委、国务院原副总理李岚清、中共上海市委书记习近平、上海市政协主席蒋以任敬献花篮。
11月23日	上海大学举行"伟长楼"命名与揭幕仪式。"伟长楼"由全国政协副主席徐匡迪院士题写并揭幕。
11月24日	在苏州市为上海大学2006—2007年度研究生校长奖学金获得者颁发获奖证书。

2008 年

8 月　　　徐匡迪到乐乎楼亲切看望钱伟长，钱伟长把聘任徐匡迪为上海大学终身教授的聘书亲手交给他。

9月12日　全国人大常委会副委员长、民盟中央主席蒋树声，中共上海市委常委、统战部部长杨晓渡到乐乎楼看望钱伟长，祝他中秋节快乐。

9月23日　复信田剑同学，勉励他用青春的梦想谱就灿烂的人生。（田剑是上海大学理学院数学系2003级的学生，2005年12月，他响应党的号召应征入伍。在部队刻苦训练的同时，他不忘学习科学文化知识。参军两年后，以优异的成绩考入空军雷达学院。2008年8月31日，田剑给钱伟长写了一封信，汇报了自己在部队的学习、生活和工作情况）

2009 年

9月25日　上海市政协副主席朱晓明受全国政协办公厅、市政协主席冯国勤委托，代表全国政协办公厅、全国政协副主席兼秘书长钱运录及上海市政协，前往瑞金医院看望钱伟长，祝贺他97岁生日并预祝中秋快乐。老同志陈铁迪一同到医院看望。

10月9日　上海大学党委书记于信汇、常务副校长周哲玮和上海瑞金医院的医护人员，庆贺钱伟长校长97华诞。

2010 年

7月30日　因病于6时20分在上海逝世。

图书在版编目（CIP）数据

　　永远的校长：钱伟长1983—2010年画传 / 成旦红，刘昌胜主编 .—上海：上海大学出版社，2020.7
　　ISBN 978-7-5671-3909-1

　　Ⅰ . ①永… Ⅱ . ①成… ②刘… Ⅲ . ①钱伟长（1913—2010）—生平事迹—画册 Ⅳ . ① K826.11-64

中国版本图书馆 CIP 数据核字（2020）第 111857 号

责任编辑　　傅玉芳　王悦生　江振新　刘　强
技术编辑　　金　鑫　钱宇坤
装帧设计　　柯国富

永远的校长——钱伟长1983—2010年画传

成旦红　刘昌胜　主编

出版发行	上海大学出版社
社　　址	上海市上大路99号
邮政编码	200444
网　　址	www.shupress.cn
发行热线	021-66135112
出 版 人	戴骏豪
印　　刷	上海颛辉印刷厂
经　　销	各地新华书店
开　　本	889mm×1194mm 1/12
印　　张	17 1/3
字　　数	350千字
版　　次	2020年7月第1版
印　　次	2020年7月第1次
书　　号	ISBN 978-7-5671-3909-1/K·215
定　　价	180.00元